Teddy + Bär = Teddybär

Kulturhistorische Aspekte und praktische Anleitung zur Gestaltung

Waltraud Rusch

Teddy + Bär = Teddybär

Kulturhistorische Aspekte und praktische Anleitung zur Gestaltung

Bibliografische Information der Deutschen Nationalbibliothek:
Die Deutsche Nationalbibliothek verzeichnet diese Publikation in der Deutschen Nationalbibliografie;
detaillierte bibliografische Daten sind im Internet über http://dnb.dnb.de abrufbar.

© 2023 Waltraud Rusch

Herstellung und Verlag: BoD – Books on Demand, Norderstedt

ISBN: 978-3-7526-4053-3

Inhalt

Bär aus dem Käfig entkommen

Was ist nun jetzt?
Wo sind auf einmal die Stangen,
An denen die wünschende Nase sich wetzt?
Was soll er nun anfangen?

Er schnuppert neugierig und scheu.
Wie ist das alles vor ihm so weit
und so wunderschön neu!
Aber wie schrecklich die Menschheit schreit!

Und er nähert sich geduckt
einem fremden Gegenstande.
Plötzlich wälzt er sich im Sande,
weil ihn etwas juckt.

Kippt ein Tisch. Genau wie Baum.
Aber eine Peitsche knallt.
Und der Bär flieht seitwärts macht dann Halt.
Und der Raum um ihn ist schlimmer Traum.

Lässt der Bär sich locken. Doch er brüllt.
Lässt sich treiben, lässt sich fangen.
Angsterfüllt und hasserfüllt
wünscht er sich nach seines Käfigs Stangen.

Joachim Ringelnatz (1883-1934)

Der Bär ist los!

Bei den Gebrüdern Grimm kann man nachlesen, dass in der Nibelungensage Siegfried den Bären an den Sattel bindet und ihn hernach in die Küche loslässt. Dies war ein deutscher Scherz gleich dem Bärentanz.

Dieser Essay soll aber kein Scherz sein, sondern in ernsthafter Absicht Wissenswertes über Urus und Teddy vermitteln. Dabei bin ich bedacht, ihnen keinen Bären aufzubinden oder einen Bärendienst zu erweisen, ganz im Gegenteil, mit Historie möchte ich alle an die Praxis des Teddybärengestaltens heranführen. Ich übernehme die Rolle des Bärenführers, der versucht sie durch die Kulturgeschichte des Bären zu führen. Insbesondere bringe ich ihnen die besondere Rasse des Teddybären näher.

Im Altertum stellt sich der Bär in der Tiersage als der König dar. Der altnordische, slawische und finnische Volksglaube feiert ihn als ein höheres, heiliges Wesen, dem menschlicher Verstand und die Stärke von zwölf Männern zugeschrieben wird.

Im Lexikon der traditionellen Symbole wird uns der Bär als Zeichen der Auferstehung beschrieben, da er nach dem Winterschlaf, also im Frühling, mit seinem neugeborenen Jungen aus der Höhle heraustritt. In Heldensagen ist der Bär sowohl ein Sonnen- als auch ein Mondtier. Er stellt versinnbildlicht verschiedene Tugenden und Eigenschaften dar wie z.B. im Chinesischen die Stärke und Tapferkeit, im Christlichen entgegengesetzt den Teufel, das Böse, die Grausamkeit, die Habsucht und die Sinnenlust. Der Kampf Davids mit dem Bären symbolisiert den Konflikt zwischen Christus und dem Teufel.

In der griechischen Mythologie ist Artemis – Schwester Apollos – eng mit dem Bären verbunden. Artemis hat Callisto in einen Bären verwandelt. In Arkadien wurde sie besonders verehrt. Kleine Mädchen, genannt arctoi (braune Bären) sind ihrem Dienst geweiht. Diese tanzten – in gelbe Gewänder gehüllt – während der alle fünf Jahre wiederkehrenden Zeremonien der Brauronia den Bärentanz um den Schrein der Göttin Artemis.

Kluges Etymologisches Wörterbuch weist unter dem Begriff „Bär" u.a. darauf hin, welche Farbe dieses dicke massige Tier hat, nämlich braun. Bär ist das substantivische Adjektiv des indogermanischen „bhero", also braun.

In der deutschen Tiersage heißt der Bär „Braun". Andere Bezeichnungen geben Auskunft über seine Vorlieben wie z.B. „Honigesser".

Der berühmte Pädagoge Joachim Heinrich Campe (1746-1818) stellt in seinem BILDER-ABEZE den Bären eben als solchen Honigesser vor:

Illustration zum „b" im ABEZE

Der Bär und die Bienen

Bär: Holla, ihr Bienen, brummt der Bär,
Gleich gebt mir euern Honig her;
Sonst werd ich euch und Korb dazu verzehren!
Eine Biene: Wie aber, strenger Herr, wenn wir uns wehren?
Bär: Euch wehren, Jüngferchen? Ihr spaßt wohl, wie es scheint?
Biene: Die Unschuld, Herr, ist stärker, als ihr meint.
Bär: Ist stärker? Ha, ha, ha! Des muss ich lachen!
Wird' gleich dem Ding ein Ende machen.
Drauf streckt er seine Tatzen aus,
Will schon beginnen seinen Schmaus;
Allein die Unschuld wird gerochen,
Das Untier jämmerlich zerstochen.

Die Ursprünge der Beziehung Mensch – Bär erkennen wir in den Tiefen der Mythologie. Der Bär spielt schon vor der Antike eine Rolle. Bereits in prähistorischen Höh-
lenmalereien tauchen Bärendarstellungen auf.

Die Sagendichter des klassischen Altertums siedeln den Bären gleich zweimal am
Himmel an: im Olymp der Götter und am irdischen Firmament. Der Schwerenöter
Zeus stellte der schönen Nymphe Callisto nach. Ihr gemeinsamer Sohn Arkas war das
sichtbare Zeichen dieser Beziehung. Zeus Ehefrau Hera verfolgte argwöhnisch jeden
Seitensprung ihres Gatten. Sie verwandelte Callisto und ihren Sohn kurzerhand in
Bären. Zeus konnte den Racheakt nicht verhindern. Um seine Exgeliebte jedoch vor
nachstellenden Jägern zu schützen und sie ständig vor Augen zu haben, siedelte er sie
im Zentrum der nördlichen Hemisphäre an.

Bereits im achten Jahrhundert vor Christus beschreibt Homer die Große Bärin am
Himmel. Hundert Jahre später entdeckt Thales von Milet den Kleinen Bären als das
wichtigste Gestirn für die Seefahrer, weil sich in ihm der Polarstern befindet. An des-
sen Standort lässt sich exakt Position und Route fixieren. Obwohl in diesen Sternbil-
dern nur schwerlich zwei Bären zu erkennen sind, deuten auch andere Kulturen diese

---

Himmelskörper-Konstellation ähnlich. Für nordamerikanische Indianer gelten die vier ein Rechteck bildenden Sterne als der Bär, dem die drei anderen als Jäger nachstellen. Die Araber geben wiederum den einzelnen Sternen dieses Bildes Namen von Körperteilen des Bären.

Troja-Prinz Paris soll der Sage nach von einer Bärin als Amme aufgezogen worden sein. Achilles gewann seine Stärke als Säugling aus Bären-Knochenmark. Bei den Germanen verfügte König Beowulf über Bärenkräfte ebenfalls durch Bärenmilch, mit der er ernährt worden sei. Seinen Kriegern wurde das Blut dieses starken Tieres neben Met zur wichtigen Kraftquelle.

Die biologische Besonderheit des Bären, nämlich seine Plattfüße, erlauben ihm nur einen wenig eleganten Gang. Während der Hund als Zehengänger graziös auf den Zehenspitzen tänzelt, wird dem Bär als Sohlengänger das Schicksal zuteil, den ganzen Fuß – von den Krallen bis zu den Fersen – auf den Boden zu setzen. Er gewinnt dadurch aber an Stabilität, denn durch die große Standfläche kann er einfach an die aufrechte Haltung gewöhnt werden. Weidmännisch wird dem Bären gleich dem Menschen Hand, Finger und Gang zugeschrieben.

Der Bär ist ein intelligentes Tier, das in der Jugend   eine sehr sorgfältige Erziehung erfährt. Die Bärenmutter hat einen unübersehbaren engen Bezug zu den Jungen. In mythologischer Vorstellung bringt die Bärenmutter ihr Kind, in dem sie es beleckt, in die Form, die es für das Leben braucht. Das Belecken bringt aber erst die winzigen Gliedmaßen des Jungen hervor. Das Belecken um zu formen ist eine der rührendsten Metaphern für Erziehung. „Ungeleckt" ist so viel wie „ungebildet". Goethe gebraucht diese Formel übernehmend aus der Antike immer wieder. Selbst heute spricht man von Menschen, die „ziemlich unbeleckt" sind. Das Belecken erscheint auch als Synonym für geschützt.

Aufgrund seiner Eigenschaften, verbunden mit seiner Größe und außergewöhnlichen Körperkraft, genießt der Bär seit alters her großes Ansehen in seinem Lebensbereich und gilt als unumstrittener Herrscher der Tierwelt. Sein einziger wirklicher Feind ist der Mensch, der seine Existenz früher durch die Jagd und heute durch die Zerstörung der Umwelt gefährdet.

Die anthropomorphen Eigenschaften des Bären, seine menschenähnlichen Verhaltensweisen, Gewohnheiten und seine Überlegenheit im Lebensraum Wald rufen widersprüchliche Reaktionen hervor. Einerseits bewundern wir seine Stärke, seinen Mut und seine Intelligenz, andererseits empfinden wir abgrundtiefe Angst vor dem begabten und gleichwertigen Feind. Diese Widersprüche schaffen die Voraussetzungen für Mythen, religiöse Phänomene und Kulte.

Schon in prähistorischer Zeit war der Bär diesseits wie jenseits des Pazifiks Gegenstand religiöser Kulte. Die ungewöhnlichen Nährkräfte (Winterschlaf!) und die Ähnlichkeiten mit der menschlichen Hand schreiben den Bärenpranken magische und übernatürliche Kräfte zu. Der rituelle Verzehr von Bärenpfoten ist als Versuch zu deuten, sich deren Kräfte und Fähigkeiten einzuverleiben. Zahlreiche Heilmittel wie Bärenfett bei Hautkrankheiten und Haarausfall, zur Kräftigung von Gliedmaßen schmächtiger Kinder waren weit verbreitet. Aus dem Fleisch gewann man eine Arznei gegen Rheumatismus, aus den Tatzen ein Stärkungsmittel, aus der Galle einen Wirkstoff gegen Darmbeschwerden. Magische und symbolische Kräfte des Bären überlagern die Figuren des Zauberers, des Schamanen und Hexers primitiver Kulturen.

Die Metamorphose von Mensch zu Bär beinhaltet die doppelte Natur des Bären – die Verkörperung von Mensch und Tier in einem einzigen Wesen. Denken wir nur an die zahlreichen Sagen und Märchen, die diese Thematik beinhalten wie z.B. Grimms „Schneeweißchen und Rosenrot".

Der englische Verhaltensforscher Desmond Morris führte eine Umfrage bei 4200 Kindern durch. Sie wurden gefragt, welches Tier sie am liebsten und welches am wenigstens mögen. Der Riesenpanda und der Bär lagen bei den beliebtesten Tieren an fünfter Stelle und wurden nur noch durch den besonders anthropomorphen Primaten wie Schimpansen, Affen und Buschbabys übertroffen. In der Gruppe der unbeliebtesten Tiere platzieren sich alle als gefährlich angesehenen Tiere, jedoch nicht der Bär. Der Bär ist also sympathisch und beliebt, weckt Gefühle wie Vertrauen und Zuneigung, nicht nur aufgrund seines Kindchenschemas, das den Beschützerinstinkt auslöst. Der italienische Verhaltensforscher Danilo Mainardi fügt noch die akustischen

----

Ausdrucksformen sowie die unbeholfenen und unsicheren Bewegungen hinzu, die als kindliche Signale Reize auslösen.

Auch der ausgewachsene Bär weist viele dem Kindchenschema entsprechenden Charakteristika auf: kurze und dickliche Gliedmaßen, gewölbte und hohe Stirn, dicker und runder Kopf, weiches Fell, langsamer und oft unbeholfener Gang. Er wirkt also wie ein riesiges Tierkind mit anthropomorphen Zügen und ist auch noch unglaublich stark und kräftig. Das weckt im Menschen einen übermächtigen Beschützerinstinkt und den starken Wunsch nach Identifizierung mit dem Tier. Es entstehen Gefühle wie Zärtlichkeit, Sympathie und der Wunsch, sich dem Tier zu nähern und es anzufassen. Dass es sich beim Bären um eine völlig falsche Interpretation der äußerlichen Merkmale handelt, ist dabei völlig irrelevant. Daher ereignen sich auch die meisten tödlichen Unfälle mit Bären in den Nationalparks. Die kindlichen Signale sind beim Bärenjungen natürlicherweise besonders ausgeprägt und machen es geradezu unwiderstehlich. Die Adoption des Jungen erfährt exemplarisch am Teddybären seinen Vollzug.

Unzählige konträre Rollen verkörpert der Bär im Laufe der Jahrhunderte bei den verschiedenen Kulturen. Er ist Held in der Mythologie, tapferer und unbesiegbarer Kämpfer, sexueller Rivale, Vorfahre eines Geschlechts, enger und verwilderter, behaarter Verwandter, ewiges Tierkind und Vaterfigur, scheues und einzelgängerisches Raubtier, zärtliche und fürsorgliche Mutter, die, um ihre Kinder zu schützen, gewalttätig und gefährlich werden kann, Gaukler auf den Jahrmärkten und vor allem beliebtestes Spielzeug der Welt.

Spielzeug Bär

In unterschiedlicher Form und aus verschiedenen Materialien hat es dieses Tier schon immer als Spielzeug gegeben. Seine Wurzeln reichen bis in Urzeiten zurück. Vornehmlich aus Ton geformt sind Bären wie Puppen seit der Antike als Spielzeug überliefert. Holzschnitzereien kamen hinzu. In späteren Jahrhunderten sorgen findige Tüftler und Uhrmacher für Bewegung in der Spielzeugwelt. Durch eine eingebaute Mechanik lernen die Bären so das Tanzen. Mit Einsetzen der Industrialisierung verlieren diese kleinen Wunderwerke jedoch an Exklusivität und Reiz.

Der Spielzeugbär des 18. Jahrhunderts tanzte im Spielzeugzoo, ließ sich als ausgestopftes Ziehtier auf vier eisernen Rädern in Bewegung setzen, ist in größerer Ausführung auch zum Schaukeln bereit und sorgte als Tanzbär in Miniatur für Unterhaltung von Groß und Klein. Die Jagdtrophäe aus Porzellan ziert als Bär das Vertiko oder gibt, zum Tintenfass zweckentfremdet, dem väterlichen Schreibtisch eine maskuline Note.

Jahrzehntelang ist der Teddybär ein mehr oder weniger heißgeliebtes, aber normales Spielzeug. Es ist Gebrauchsgegenstand, den man neu erwirbt, benutzt und in Liebkosungen strapaziert. Unansehnlich und dem Zweck entwachsen, wird er Abfallprodukt. Er war und ist Konsumgegenstand.

Viele Besitzer trennen sich nicht vom Freund und Verbündeten ihrer Kindheit aus sentimentalen oder anderweitigen Gründen. Romantisch verklärte Erinnerungen, die wiederempfindende innige Verbundenheit mit dem Teddy – ähnlich zu vergleichen mit den Emotionen zur Puppe aus den Kindertagen – haben alte Exemplare aus dem Asyl auf dem Dachboden, Keller oder Rumpelkammer es in den Raum des Augenscheins zurückgebracht.

Seine besondere Spielqualität liegt in der besonderen Art, wie er alterslos, geduldig, gutmütig und verschwiegen das ideale Medium vieler Vorstellungen und Wünsche sein kann. Das kuschelige Fell, das Wärme und Geborgenheit vermittelt, der treue Blick und seine Physiognomie, die niemanden belehren will, aber alles versteht, dazu der gedrungene Körper mit langen Armen, die Rolle des Beschützers vermittelnd, all

----

dies steckt in einem Teddybären und noch mehr, nämlich auch das, was ihm vom individuellen Besitzer hinzugelegt wird.

Wie immer versuchten die Wissenschaftler dieses Phänomen näher zu ergründen. Der Einsatz dieses Spielzeugs ist in Psychotherapien und in Krankenhäusern zur Rekonvaleszenz und Angstabbau bei Kindern unumstritten (schnellerer Heilungsverlauf durch psychischen Stressabbau). Die deutsche Teddystiftung stellt die Stofftiere für Rettungsfahrzeuge, Streifenwägen der Polizei und die Ambulanzen in Krankenhäuser als Trostspender für Kinder zur Verfügung.

Die Erfinder dieses Plüschtiers erlebten eine Sternstunde – die Zeit war reif dafür, reif wie für viele andere Erfindungen auch, so dass auf Kontinenten gleichzeitig ein Prototyp geboren wurde. Man kann ihn nicht verbessern, höchstens dem Wandel der Mode unterwerfen. Wegen seiner Vollkommenheit wurde dieser Teddy in die Hitliste der sechzig „schönen Dinge des Lebens" aufgenommen, wo er sich in der Gesellschaft des Mont-Blanc-Füllfederhalters No 149, eines Steinway-Flügels und der Levi-Jeans 501 befindet. Diese optimalen Voraussetzungen animieren zum Sammeln dieser Kindheitsbären.

Die Geburt des Teddybären

Als Urform des Teddybären gilt der Mischka-Bär. Er ist aus dem alten Russland bereits seit dem 13. Jahrhundert bekannt. Noch gibt es die entsprechenden Märchenbücher auch in deutscher Sprache. Im Jahre 1980 wird Mischka zum Maskottchen der Olympischen Spiele von Moskau.

Sein Siegeszug in die Kinderzimmer und Kinderherzen begann der Teddybär zu Beginn des 20. Jahrhunderts. Höchst umstritten ist sein Geburtstag. Es gibt mehrere Versionen. Es muss jedenfalls in den Jahren 1902/1903 gewesen sein.

Man erzählt, dass Präsident Theodore Roosevelt sich während einer Jagd weigerte, einen gefangengenommenen Bären zu töten. Es war ein Jungbär, der sein Leben später entweder im Weißen Haus, im Washingtoner Zoo, als Haustier der Verwandtschaft des Präsidenten oder als Maskottchen der Jagdgesellschaft fristen durfte.

Es wird aber auch erzählt, dass es ein schwacher, alter Bär gewesen sein soll. Ein Zeitungsartikel auf der ersten Seite der „Washington Post" vom Samstag, den 15. November 1802 berichtet von einem Jagdunfall. *„Bär gefangen" – Aber er wurde nicht zu einer Jagdtrophäe durch die Winchester des Präsidenten".* Es wird geschildert, dass bei Aufbruch einer Gruppe der Jagdgesellschaft des Präsidenten ein erschöpfter 117 kg schwerer Bär auftauchte. Das völlig entkräftete Tier wurde von Jagdhunden zu einem Wasserloch gehetzt. Der um sein Leben kämpfende Bär griff die Meute an, ein Hund wurde von ihm getötet. Ein Jäger setzte mit dem Schlag des Gewehrkolbens dem Spektakel ein Ende. Das Jagdhorn schloss die Jagd ab. Der inzwischen gefesselte Bär war an einen Baum gebunden, als Roosevelt dazukam. Dieser war nicht bereit das schwache Tier zu erschießen oder erschießen zu lassen. Daraufhin gab der Jäger dem Bären mit dem Messer den Gnadenstoß.

In der „Washington Post" konnte man lesen: *„Der Präsident, erst gerufen, als das wilde Tier gefesselt war, lehnte ein unsportliches Erschießen ab."* Am nächsten Tag, dem 16. November, wurde die Geschichte mit einem politischen Zwischenfall – Streit der Staaten Mississippi und Louisiana – in Verbindung gebracht. Auf der ersten Seite der Sonntagsausgabe der „Post" wurde dies in einem aufsehenerregenden Cartoon von Clifford Berryman unter dem Titel „Das Neuste vom Neusten" abgedruckt. Er stellt Roosevelt dar, sein Gewehr vor dem rechten Fuß angelehnt. Er steht mit dem Rücken zu einem unglücklich aussehenden, ausgewachsenen Bären, der eine Halsschlinge trägt. Roosevelt gibt mit einer Geste zu verstehen, dass er das Tier nicht zu erschießen gewillt ist. Zu lesen ist: „Bis hierhin und nicht weiter in Mississippi". Der Cartoon, den man heute durch vielfache Veröffentlichung kennt, ist aber ein anderer.

Ebenfalls 1902 datiert, zeigt er hier einen kleineren   jüngeren Bären, der vor Furcht zittert. Wahrscheinlich erschien dieser später im „Washington Star".

Wie auch immer dieser Jagdzwischenfall und seine mediale Verarbeitung in Wahrheit ablief, die Idee für den „Teddybären" ist für die Stoffspielzeughersteller hier zu sehen. Denn *Morris Michtom (1870-1938)*, ein Brooklyner Schreibwaren- und Novitäten- händler dekorierte daraufhin sein Schaufenster mit zwei von ihm entworfenen Spiel- zeugbären. Seine Frau Rose hat sie aus hellem Plüsch genäht, mit Holzwolle gestopft und mit zwei schwarzen Schuhknöpfen als Augen versehen. Die meisten Teddys hat- ten bewegliche Körperglieder. Morris Michtom erhielt vom Präsidenten Roosevelt die persönliche Erlaubnis, das neue Spielzeug „Teddy Bär" zu nennen. Die attraktiven Plüschbären werden ein überwältigender Erfolg. 1907 war die Nachfrage so groß, dass die Michtoms in andere Räume zogen und die „Ideal Novelty and Toy Company" gründeten. Zwischen 1903 und 1906 war „Ideal" der einzige Teddybärenhersteller der Vereinigten Staaten. Danach beginnt ein harter Wettbewerb.

Karikatur von Clifford
K. Berryman in
der Washington
Post (1902) Roosevelt
und Bärenjagd

Zeitgleich wird der Teddybär auch in Deutschland geboren. Margarete Steiff (1847- 1909) erkrankt in ihrer Kindheit an Kinderlähmung, ihre Beine sind gelähmt, die rechte Hand geschwächt. Um ihren Lebensunterhalt zu verdienen und ihre Behinde- rung zu überwinden, lernt sie nähen. Sie stellt nadelkissenförmige Elefanten aus Wolle und Filz her. Diese sind so beliebt, dass bald andere und größere Tiere wie Esel, Pferd, Schwein und sogar ein Kamel folgen.

Margarete Steiffs Neffe ist als Künstler sehr an Bären interessiert. In Zusammenarbeit mit seiner Tante entsteht ein kleiner, beweglicher Spielzeugbär aus Mohairstoff. Diese Kreation wird 1903 auf der Leipziger Messe gezeigt ohne jedoch viel Aufsehen zu erregen. Am letzten Messetag erscheint ein amerikanischer Einkäufer, der von diesem kleinen Petz gleich mehrere tausend Stück in Auftrag gibt.

Erster Steiff-Teddybär 55 Pb, links original, rechts limitierte Auflage 2022

Angeblich sollen die ersten Bären von Margarete Steiff bei den Hochzeitsfeierlichkeiten von Präsident Roosevelts Tochter als Tischdekoration benutzt worden sein. Teddy Roosevelt sei so von den Bären begeistert gewesen, dass die Hochzeitsgesellschaft ihnen spontan den Namen Teddybären zugeeignet haben sollen.

Ted Roosevelt mit Teddybär 1902

1903 werden insgesamt 12 000 Teddybären von der Firma Steiff hergestellt. 1907 sind es bereits 974 000 Stück. Die Firma Steiff in Giengen ist die „Bärenfabrik". Der Bärenkopf wird zum Markenzeichen, zu dem sich später der Knopf im Ohr hinzugesellt.

Steiff Teddys aus der Produktion Anfang des 21. Jahrhunderts

Was Puppenmacher und Teddyhersteller verbindet

Zur Geschichte der Teddybären gehört die Geschichte der Spielzeughersteller allgemein und der Puppenmacher im Besonderen.

Die Puppenstopfer aus der Spielzeugregion Thüringen und des Coburger Umlandes leben von der Heimarbeit, da diese waldreiche Gegend mit kargem Boden wenig landwirtschaftlichen Ertrag bringt. In diesem Gebiet, wo sich die Handelswege zwischen Orient und Okzident, Süden und Norden kreuzen, wo die Messestädte Nürnberg und Leipzig die Händler aus aller Welt anlocken, lassen sich die Spielwaren besser vermarkten als anderswo. Warenhäuser aus aller Welt wie Borgfeldt, Butler Brothers, Woolworth gründen Handelsniederlassungen direkt in Sonneberg, wo die Firmen spezielle Musterzimmer ihres Sortiments einrichten. Spielzeug „Made in Germany" ist in der ganzen Welt bekannt. Im Herbst und Frühjahr, wenn die Firmenvertreter aus Amerika, England und Frankreich anreisen, das Angebot sondieren und Ware bestellen, entscheidet sich, ob für das kommende Jahr der Lohn der Heimarbeiterfamilien gesichert ist.

Die Familien arbeiten für geringen Lohn in ihren Wohn-Schlafstuben. Kinderarbeit ist an der Tagesordnung. Deutsches Spielzeug ist nicht nur wegen seiner Qualität gefragt, sondern auch wegen seiner Preiswürdigkeit, die letztlich aus der niedrigen Entlohnung der Heimarbeiter resultiert. Je größer die Konkurrenz, desto schmäler werden die Arbeitslöhne. Innerhalb der Familien herrscht eine mechanische Arbeitsteilung: einer schneidet die Puppen- und Plüschtierbälge nach vorgegebenen Schnitten zu, ein anderer, meist Kinder mit ihren kleinen Händen, stopft diese nach dem Zusammennähen aus, wieder ein anderer setzt die Einzelteile zusammen, die Frau garniert das Gesicht. In den Wohnstubenwerkstätten blüht je nach Auftragslage das Tun.

Diese Form der Teddybärenherstellung aus den „Gründerjahren" lebt exemplarisch wie einst nach der Öffnung der deutsch-deutschen Grenzen 1989 als Wirtschaftsform in den „neuen Bundesländern" wieder auf.

Etwa um 1909/1910 entstehen in den Stopfereien Neustadt und Umgebung vor allem die Steiff-Teddys. In dieser Region existieren bis zum 2. Weltkrieg einundzwanzig Bärenstopfereien. Wer sich eine Vorstellung der damaligen Arbeitsverhältnisse machen will, kann eine nachgeahmte Werkstatt im Museum der Deutschen Spielzeugindustrie in Neustadt bei Coburg besichtigen. Im Zentrum der deutschen Spielzeug industrie Sonneberg/Neustadt leben ganze Ortschaften von der Teddyproduktion. Die Firma Steiff in Giengen beschäftigt im Jahr 1907, wo fast eine Million Teddys das Werk verlassen, in der Fabrik selbst 400 Arbeiter und 1800 HeimarbeiterInnen.

In den 1920er Jahren erheben die Teddys ihre Stimme. Sie erhalten Druckstimmen in den Körper eingesetzt. Diese älteste Art der Spielzeugstimme ist in der Spielzeugregion schon lange gebräuchlich. Ein Balg wird gedrückt, die ausströmende Luft erzeugt den Brummton. 1908 genügt eine Neigung des Teddys zur Brummerei.

Die bekannten Teddybärproduzenten sind Firmen, die allgemein in der Spielzeug- und Puppenbranche große Namen besitzen wie Steiff, Käthe Kruse, Althans, Herrmann, Süssenguth, Bavaria, Clemens, Leven, Schuco und Crämer. Fast alle sind im fränkischen und thüringischen Raum beheimatet und produzieren bis heute oder heute wieder.

Parallel zur Künstlerpuppenbewegung in den 1970er und 80er Jahren sind Teddybärenmacher und -macherinnen mit Designerbären am Markt beteiligt, natürlich handgemacht, signiert, limitiert und nummeriert. Im Ausland – Frankreich, England, Italien und den USA – finden wir eine ähnliche Situation vor.

Repliken alter Modelle werden neu aufgelegt und von manchen Firmen nur an Mitglieder des dazugehörigen Teddybärenclubs abgegeben. Altbekannte Brummbären im Original findet man in vielen Spielzeug- und speziellen Bärenmuseen.

Schon Eintrittskarten – wie hier für das Steiger-Museum in München (Spielzeugmuseum, Viktualienmarkt) – sind als Sammlergut begehrt.

Vergleich Teddybär – Puppe

Teddybärs große Beliebtheit als Spielzeugfigur liegt wohl darin begründet, dass es seine Hauptaufgabe ist, sich wegen seines gutmütigen Wesens und vor allem seines weichen, warmen Fells knutschen und knuddeln zu lassen. Dieses Fell verfügt über eine Anziehungskraft, die in dem Urbedürfnis des Kindes liegt, es zu streicheln und sich streicheln zu lassen. Widerstandslos lässt sich Teddy drücken und vor allem an sich drücken. Dass dieses Urbedürfnis dem Menschen innewohnt, sieht man an dem steigenden Umsatz der Plüschtierindustrie, deren Konsument vorwiegend dem Kindesalter entwachsen ist.

Neben der kuscheligen Rolle des Fells, hat das Bärengesicht durch seine Nähe zum Kindchenschema eine zuneigende Wirkung – großer, runder Kopf mit runden Augen und runden Ohren. Die Kugelgestalt des Kopfes ist ein auffallendes Charakteristikum.

Der Mensch spricht, wie die meisten höheren Wirbeltiere, auf alles Runde, Kugel-förmige an.

Stets sind es die Kinder, die bestimmen, welche Teddys sie lieben wollen. So stoßen Exemplare mit allzu dunklem Fell auf wenig Gegenliebe. Die Kleinen fürchten sich davor.

Der Teddy hat eine wichtige Ersatzfunktion anstelle der Puppe. Gleich ihr ist er beweglich an Kopf, Armen und Beinen, was die Spielmöglichkeiten wesentlich erhöht. Seine Physiognomie ist offen, wie jene der stereotypen Puppe und kann so in die verschiedensten Rollen schlüpfen. Darüber hinaus hat der Teddy durch sein Fell und seine Weichheit den besonderen Vorzug, mehr Geborgenheit und Wärme vermitteln zu können als eine Puppe, die dies aufgrund ihres Materials und ihrer relativen Festigkeit nur in reduziertem Maße vermag.

In Kinderzimmern spiegeln sich auch immer die Kriegszeiten wider. Den Teddys werden Gewehre und Säbel in die Pfote gedrückt, sie werden abwechselnd Kamerad und Gegner. Heute spiegelt sich nicht minder die Jet-Set-Welt mit den Attributen wie Fliegerbrille, Fallschirm und dgl. mehr am Teddybären wider.

Bärenboom und Arctophilie

Das Sammeln von Teddybären setzte schon relativ früh außerhalb des öffentlichen Interesses ein. Ende der 1960er, Anfang der 1970er Jahre schwabbte die Teddy-Leidenschaft förmlich über den großen Teich von Amerika nach Europa herüber – wie so viele Bewegungen – und wuchs sich zur „Arctophilie" aus (griech. Arcto = der Bär, Philie = Liebe). Bären-Sammeln wird zur Massenbewegung ähnlich wie bei den Puppen oder anderen Spielwaren.

Arctophilisten sammeln Altes und Neues, Massenprodukte und Einzelanfertigungen. Kinderbücher, Postkarten, Geschirr, Schmuck, Kleidung – einfach alles, was sich unter das Thema „Bär" einordnen lässt. Dies ließ so manch seltsame exotische Blüte knospen. Entsprechend entwickelten sich auch die Preise. Wie in der freien Wirtschaft üblich wird der materielle Wert von Angebot und Nachfrage diktiert.

Zu den Teddybärfreunden zählen so Prominente wie Donald Campbell (britischer Rennfahrer), Christopher Lambert (französischer Schauspieler), Ex-Beatle Paul Mc Carthy, der Musiker Stefan Zauner der Pop-Gruppe „Münchner Freiheit" oder der Komponist Ralph Siegel.

Börsen, Ratgeber und Preisführer, sogar spezielle „Bärenzeitungen" sättigten den Wissensdurst der Arctophilisten. So manch einer dieser Gesellschaft erstickt in Seifen, Kerzen, Dosen, Schneekugeln, Tüten, T-Shirts, Pullis, Pantoffeln, Rücksäcken, Armbanduhren, Kaffeebechern, Geschenkpapieren, Schmuckstücken, Vorhangstoffen, Christbaumschmuck, Blechdosen, Postern, Postkarten, Haarklammer und vieles mehr – alles rund um den Bären. Vieles entartete dabei zum Kitsch.

Firmen werben noch gerne in Anzeigen, Prospekten und anderen Werbeutensilien mit dem Sympathieträger „Bär", so etwa für Dosenmilch, Weichspüler, Bier, Banken, Blech, Bonbons, Betten, Autozubehör und Versicherungen.

Die berühmtesten literarischen Bären sind wohl Pu der Bär von A. Miline, Paddington der Bär aus Peru, der auf dem Londoner Bahnhof Paddington auf eine neue Familie wartet. Der gemütliche Ballou aus dem Dschungelbuch von R. Kipling hat eine große Karriere im Film von Walt Disney gemacht. Die Bilderbuchbären von Janosch begeistern viele Kinder.

Die arctophile Welt ließ kaum Bereiche aus. Fachzeitschriften informierten über neue und antike Exemplare, Literatur und Teddy-Sessions jeder Art. Die letzte Bärenzeitung hat ihr Erscheinen 2020 eingestellt. Verletzt bis aufs letzte Haar geliebte Teddys können noch immer in Teddybärkliniken insbesondere bei Steiff behandelt werden. Das erste Teddy-Museum der Welt wurde 1986 von der Kunsthistorikern und Sammlerin Florentine C. Bredow (1949-2018) in Berlin am Kurfürstendamm gegründet. Damit ist sie auch im Guinnessbuch der Rekorde verewigt. Von 2002 bis 2010 befand sich dieses Museum in der bayerischen Sadt Hof, wo die Sammlung in verschiedenen Räumen eines Kellergewölbes, vom Museum als „Bärenhöhlen" bezeichnet, präsentiert wurde. Bredow holte die Sammlung nach Berlin zurück und stellte sie in einer angemieteten Wohnung aus. Der auf 15 000 Objekte angewachsene Plüschschatz mit

----

einem Wert von mehreren hunderttausend Euro schlummert nun verhüllt und vor Staub geschützt in Pappe, Blasenfolie und Gitterboxen.

Exkurs Sammeln

Wissenschaftler verschiedener Fachbereiche setzten sich mit dem Phänomen des Sammelns immer wieder auseinander. Der Urgrund dieser Tätigkeit scheint in der Kindheit zu liegen, da ja jedes Kind sein Wissen durch Sammeln erwirbt. Was gesammelt wird, ist sehr „artenreich", ob es nun Knöpfe sind oder tote Frösche. Wesentliches Motiv scheint der Besitz eines Schatzes zu sein.

Das spiegelt sich auch im Erwachsenenverhalten wider, da echte Sammler etwas Einmaliges in seiner Art zusammentragen wollen. Der Erwachsene will auch zunächst etwas besitzen, z. B. Teddybären. Dabei ist das Sammeln eine konservierende Beschäftigung, vergleichbar der Sammlungen von Museen. Was gesammelt wird, hängt von der seelischen Disposition des Betroffenen ab. Es gibt zwei Wege oder Typen sich dem Sammeln zu nähern. Der eine Typ geht mit dem Verstand, also aufgeklärt an das Sammeln heran, so wie es auch in Museen begründet ist. Hieraus entstanden dann häufig auch Privatmuseen. Der andere Typ – romantisch verklärt – interessiert sich vorwiegend für Kuriositäten und sucht das Wunderliche in seiner Sammlung.

Die anthropologische Bedeutung des Sammelns kann wissenschaftlich nur interdisziplinär geklärt werden. Innerhalb der Wissenschaften ist das Sammeln vor allem ein methodisches Prinzip zum Wissenserwerb und zur Wissenserweiterung. Die Neandertaler z.B. waren gewissermaßen Berufssammler, ihr Überleben hing davon ab. Sammeln und Jagen, Jagen und Sammeln sind die vorherrschenden Tätigkeiten von besessenen Sammlern der Gegenwart. Sie führen jedoch oftmals nur zum Anhäufen und Zusammenraffen von Dingen. Jede Sammlung enthält daher drei wesentliche Aspekte. Zunächst wird alles gesammelt oder zusammengetragen. Danach kommt die Ordnung, das Differenzieren der Einzelstücke. Zu guter Letzt ist die Darbietung, die ästhetische Dimension, von Bedeutung. Lehrer verhalten sich

---

nicht anders, um Wissen an die Schüler weiterzugeben. Dahinter verbirgt sich das Dreischritte-Prinzip der Biologie, das wir in Ernährung und Wahrnehmung stets wiederfinden: Aufnehmen – Umsetzen bzw. Verarbeiten – Abgeben, Ausdrücken. Der Sammler schafft mit dieser Handlung entweder etwas Neues oder bewahrt das Alte.

Der Wert einer Sammlung ist nicht nach ihrem materiellen, sondern nach ihrem ideellen Wert zu messen. Dieser gibt Auskunft über die Persönlichkeit oder, wenn es sich um eine öffentliche Institution handelt, über deren Ziele.

Geschlechtsspezifische Unterschiede, ob nun weiblich oder männlich mehr sammelt, sind so einfach nicht festzustellen. Traditionell sammeln Frauen mehr. Schon in den alten Kulturen liegt die Domäne des Sammelns und auch des damit verbundenen Wissenserwerbs eher bei ihnen (Kräuter, Medizin).

Sammeln umfasst drei Dimensionen – Verstand, Wille und Gefühl. Das Sammeln ist der Anfang jeglicher Kultur. Es führt und dient nicht zuletzt der Identitätsfindung.

Teddybären selber machen

Selbst gemachte Teddys in unterschiedlicher Größe und unterschiedlichem Material

----

Anatomie des Teddybären

Kopf:	rund
Ohren:	müssen fest angenäht werden
Augen:	Schuhknöpfe, Knöpfe, Steckaugen aus Glas oder Plastik
Nase:	meist gestickt, Plastik
Maul:	gestickt
Stimme:	Teddybär-Brummstimme aus Plastik oder Pappe,
	Zugbrummstimme oder Druckstimmen
Arme:	beweglich, meist relativ lang
Bärentatzen:	aus Filz, Samt oder Leder
Bärenkrallen:	gestickt
Beine:	beweglich, mit Filzsohle

Körper: Das Aussehen eines Teddybären hängt von der Stoffwahl ab. Durch die Auswahl des Fells kann Sie Gesamterscheinung variieren.

Einfach zu nähen und zu beschaffen sind Mantelstoffe aus Wolle oder Lamahaar in Naturtönen. Dicke Plüschstoffe oder Trikotagen sind schwer zu verarbeiten. Für die Fußsohlen eignen sich Baumwollsamt, Popeline, Filz oder Leder (ist schwieriger zu nähen) in passender Farbe.

Füllung: Das gebräuchlichste Stopfmaterial ist heute die *Bastelwatte*. Sie ist voll waschbar, klumpt nicht und lässt sich leicht verarbeiten. Um dem Bären im Po eine Schwere zu geben, kann Granulat – in einem Stoffsäckchen gefüllt – beim Stopfen eingefügt werden.

Gute Ergebnisse erzielt man auch mit dem traditionellen Füllmaterial *Holzwolle*. Es ist in speziellen Verpackungsmaterialfirmen in verschiedenen Qualitäten erhältlich. Die Holzwolle wird vor dem Füllen der Einzelteile mit einer alten Schere klein geschnitten. Stopfen Sie den Bären möglichst hart aus. Die Holzwolle darf nicht nass werden, da sonst der Teddy seine Form verliert.

Nicht zu viel Stopfmaterial auf einmal nehmen, sondern in kleinen Portionen bis der Teddy rundherum schön fest und glatt ist!

Griff- und Drückprobe!

Schnitte: Am leichtesten lassen sich die Schnitte auf den Teddystoff übertragen, wenn diese aus Pappkarton mit Nahtzugaben versehen hergestellt sind. Beim Zuschneiden ist der Strich des Fells zu beachten. Alle wichtigen Informationen auf den Stoff übertragen (Gelenke!). Teddy mit einer kleinen, sehr scharfen Schere zuschneiden, ohne das Fell zu beschädigen. Alle Schnitteile, die mehrmals benötigt werden, bei dünnen Materialien in doppelter Stofflage, bei dicken Stoffen einfach seitenverkehrt übertragen und zuschneiden.

Gelenke: Es sind unterschiedliche Gelenksysteme auf dem Markt. Sie funktionieren alle nach dem gleichen Prinzip: Je eine runde Scheibe mit einem Loch wird auf einen Stift gezogen, zusammen in die Nahtöffnung eines bereits getopften Arm-, Bein- oder des Kopfteiles gegeben. Der Stift wird nach außen durch das Fell gestochen. Die herausstehenden Stifte werden entsprechen den Markierungspunkten durch das Fell des noch ungestopften Bärenkörpers gestochen. Dort setzt man jeweils eine weitere Scheibe dagegen und drückt so fest an, dass sie nicht mehr von dem Stift rutschen kann.

Die Größe richtet sich nach dem Durchmesser des Halses, der Oberarme und Oberschenkel.

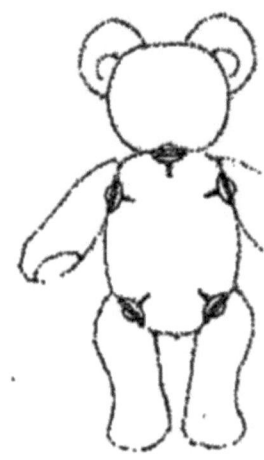

So sitzen die Gelenke im Körper des Bären

Das bekannteste, traditionelle Gelenksystem besteht aus Teddyscheiben (Plastik, Pappe oder Sperrholz), Unterlegscheiben und Splinten. Pro Gelenk werden auf einen Splint nacheinander eine Unterlegscheibe, zwei Teddyscheiben und eine Unterlegscheibe geschoben. Die überstehenden Enden des Splints werden mit einer Zange umgebogen oder eingerollt, bis die Scheiben dicht beieinanderliegen. Gut zu verarbeiten sind auch Drehgelenke, die aus einem Stift, zwei Plastikscheiben und einer Sperrscheibe bestehen. Die Sperrscheibe wird nach den Plastikscheiben auf den Stift geschoben. Beim Herunterdrücken schnappt sie in die stufenweise angeordneten Rillen des Stiftes ein. Dadurch lässt sich bestimmen, wie fest die Gelenke am Körper des Teddys sitzen sollen.

Augen: Augen aus Glas und Plastik sind erhältlich. Glasaugen haben eine angenehmere optische Wirkung. Sie werden mit festem Zwirn und langer Nadel am fertigen Kopf befestigt. Die Kunststoffaugen sind häuft wie Drehgelenkscheiben vor dem Stopfen am Kopf anzubringen. Hier kann die Physiognomie nachträglich nicht mehr verändert werden! Einen besonderen Ausdruck erhält der Teddybär mit angenähten

----

Knöpfen. Wie tief die Augen liegen, kann hier durch den Zug des Zwirnfadens bestimmt werden. Eine individualisierte Sicht erreicht der Teddybären durch verschiedenartige Köpfe. Hier eignen sich besonders Stilknöpfe.

Gesicht und Tatzen: Es genügen Reste von nicht faserndem Material, um Nase, Maul und Krallen aufzusticken. Wenn der Bärenkopf gestopft ist, die Augen eingesetzt und die Ohren aufgenäht sind, werden Nase und Maul gestickt. Die Größe der Nase kann während des Stickens individuell verändert werden. Wird die Nase nochmals überstickt, wirkt sie plastischer. Die Bärentatzen können mit drei oder vier Krallenstiche gekennzeichnet sein, aber niemals mehr.

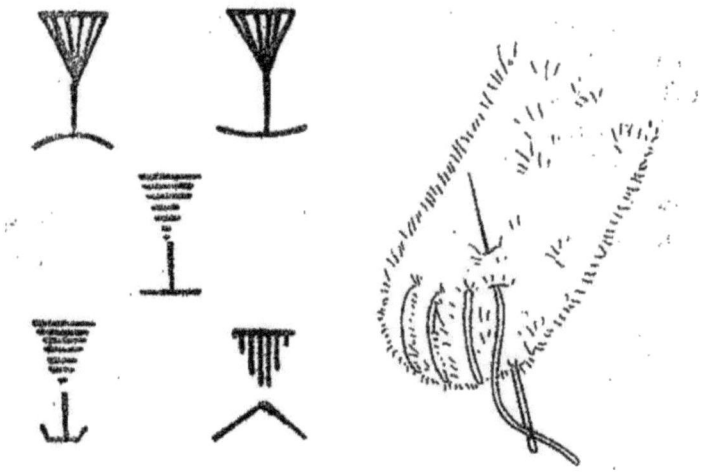

Brummstimme: Teddybären können mit einer Brummstimme oder einer Spieluhr versehen werden. Vor dem Verschließen werden sie in den Körper gelegt. Falls eine Schnur zur Aktivierung notwendig ist, hängt diese zwischen den Beinen heraus.

Zusammenfassung der Arbeitsschritte

1. Schnitt auf linke Seite des Fells aufzeichnen. Strich und Nahtzugabe beachten.
2. Teddybär zuschneiden.
3. Stoffteile zusammennähen, Stopföffnungen nicht verschließen.
4. Kopf ausstopfen, Scheibe einsetzen und zusammenziehen.
5. Arme und Beine stopfen, Gelenkscheiben einsetzen, Nähte mit Hand schließen.
6. Kopf, Arme und Beine am ungestopften Körper befestigen.
7. Körper stopfen, evtl. Brummstimmen einsetzen und Naht schließen.
8. Ohren annähen, Augen befestigen, Gesicht garnieren.

9. Evtl. Fell an den Nähten ausbürsten.
10. Fertig. Teddybären knuddeln!

Anhang: Schnitt für einen Teddybär

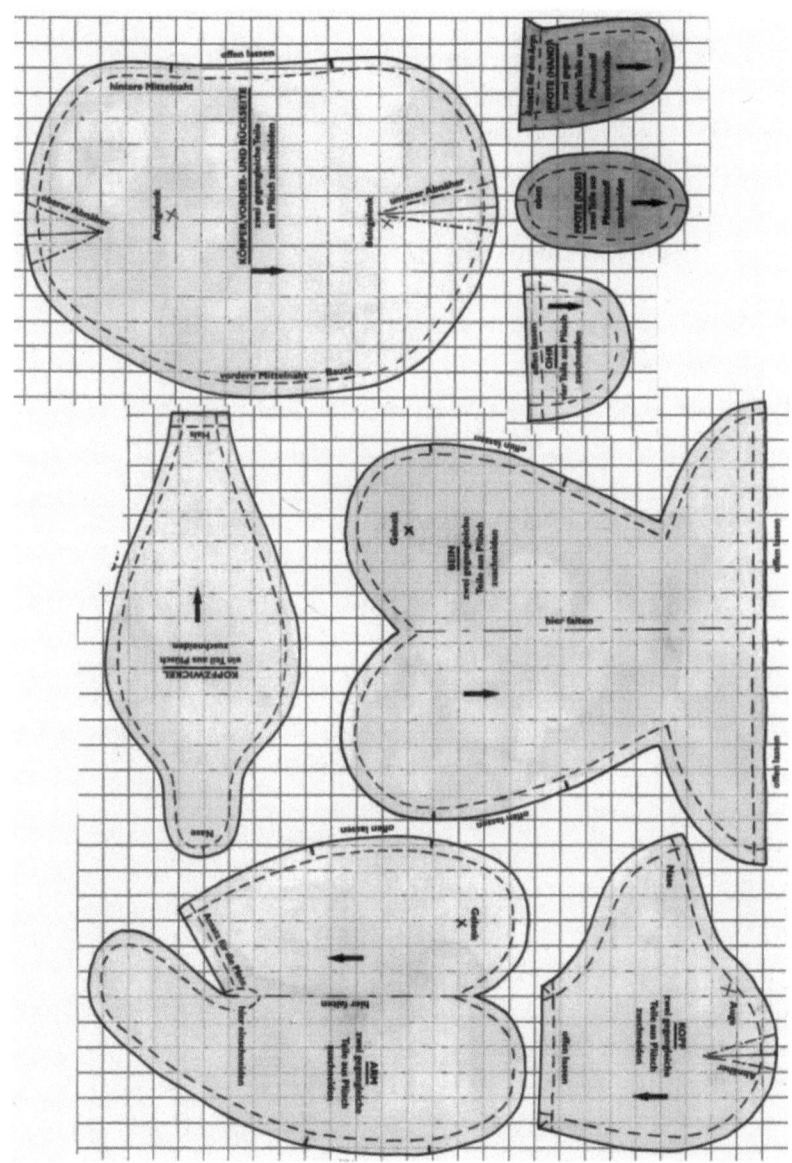

Schnitt vergrößern, bis ein Karo ca. 1cm misst.

Quellen

Bächtold-Stäubli, Hanns (1987): Handwörterbuch des deutschen Aberglaubens. Berlin, New York.

Bialosky, Peggy und Alan (1987): Teddybären sammeln. München.

Campe, Johann Heinrich (1975): BILDER-ABEZE. Frankfurt am Main.

Casparek-Türkkan, Erika (1984): Teddybären. München.

Cieslik, Jürgen und Marianne (1995): Steiff-Teddybären – eine Liebe fürs Leben.

Clair, Colin (1969): Unnatürliche Geschichten. Zürich.

Cooper, J. C. (1986): Illustriertes Lexikon der traditionellen Symbole. Wiesbaden.

Coppin, Giorgio (1989): Der Bär. Grünwald.

Hinterdjng, Christel (1982): Mein selbstgemachter Teddybär. Münster.

Hofmann, Gisela (o.J.): Bären selber machen. Loosdrechl/Niederlande.

Misch, Hannelore (1983): Lieber alter Teddybär. Freiburg i.Br.

Moasik-Verlag (1983): Teddybärenbastelbuch. München.

Lüding, Kristine (2022): Margarete Steiff – Teddybären und Kinderträume. Ullstein.

Nadolny, Harald; Thalheim, Yvonne (1994): Heißgeliebte Teddys. Niedernhausen/Ts.

Quinn, Suc (1991): Bärenbastelbuch. München.

Röhrich, Lutz (1991): Das große Lexikon der sprichwörtlichen Redensarten. Freiburg, Basel, Luzern.

Rusch, Waltraud (1995): Der Bär ist los! München-Mittenwald-Herzberg.

Schnurrer, Elisabeth (2022): 120 Jahre Steiff Teddybären. Dorling Kinderley Verlag.

Severin, Gustav; Obermeier, Klaus (1992): Teddybär. Hamburg.

Thalheim, Yvonne; Nadolny, Harald (1988): Teddybären. Sechs beliebte Modelle. Niedernhausen/Ts.

Karikatur von Clifford K. Berryman in der Washington Post (1902) Roosevelt und Bärenjagd
Deutsche Teddy-Stiftung (deutsche-teddy-stiftung.de)
www.berliner-baerenfreunde.de